AF257188

LA RIVE GAUCHE

DU

RHIN,

NOUVELLE LIMITE

DE LA

RÉPUBLIQUE FRANÇAISE.

DISCOURS

DE J. J. DERCHÉ DES VOSGES,

SUR

LA RIVE GAUCHE

DU

RHIN, LIMITE

DE LA

RÉPUBLIQUE FRANÇAISE.

Ces limites sont l'ouvrage de la nature : le fanatisme et la tyrannie se les étoient appropriées et partagées, la valeur républicaine les a rendues à la liberté, et maintiendra leur indépendance.

pag. 7.

A PARIS,

Chez DESENNE et LOUVET, Libraires, au Palais-Égalité;
Et chez L'AUTEUR, rue du Bacq, n°. 250.

An IVme. de la Républ. Franç.

DISCOURS

Sur la question : *Est-il de l'intérêt de la République Française de reculer ses limites jusqu'aux bords du Rhin ?*

Par J. J. DERCHÉ, Employé au Comité de Salut Public, Section des Relations extérieures.

D'un côté les tyrans, de l'autre la Patrie.

GUILLAUME TELL.

CETTE question, si importante en elle-même, est, sans doute, proposée par un de ces amis de l'humanité, qui ne se bornent point à considérer, pour un grand peuple, les avantages du moment; mais qui, portant leur imagination au-delà du terme fixé pour l'existence commune, partagent le bonheur d'une postérité rendue heureuse par les immortels travaux de la génération présente.

A

Persuadé, que non-seulement il est de l'in-térêt, mais du devoir de la République de prendre désormais le Rhin pour barrière, je vais, sans prétendre à la récompense pro-mise, essayer d'en démontrer l'affirmative. L'homme occupé sans cesse à rêver la gloire et la félicité de son pays, trouve sa récom-pense dans l'utilité que ses concitoyens reti-rent de ses méditations.

La France, renfermée dans ses anciennes limites, peut-elle suffire aux besoins, à l'en-tretien de ses habitans ? Peut-elle les garantir de toute invasion ? L'expérience atteste le contraire.

Exposeroit-elle son existence politique en adoptant les limites que lui traça la nature ? Les efforts continuels qu'a faits, pendant plu-sieurs siècles, l'Europe liguée pour y mettre obstacle, ont déjà décidé la question.

Peut-elle, sans injustice, garder les con-quêtes qu'elle a faites en-deçà du Rhin sur la maison d'Autriche et les autres princes de l'Empire ? Les traités de Pilnitz et de la Haye (1) sont des monumens que peuvent consulter les publicistes incertains de pro-noncer.

En changeant ses lois et son gouvernement, la France n'abandonnera pas la place prepon-rante qu'elle a toujours tenue dans le systême des Puissances. (2)

La situation actuelle des affaires de l'Europe

doit plus que jamais convaincre les hommes qui tiennent les rênes de l'Etat de la nécessité d'augmenter nos ressources et nos moyens. Il est démontré que la France monarchie n'a jamais bien connu ses véritables intérêts en fait d'agriculture, de population, de finances, de commerce, d'industrie et de naviga‑tion. (3)

Ces branches d'économie politique, si né‑cessaires au bonheur d'un grand peuple, atten‑doient, pour fleurir sur le plus beau sol de l'Europe, que le génie de la liberté en eût expulsé tous les genres de tyrannie.

Envain la coalition, mutilée par le fer des soldats républicains, cherche encore de nou‑veaux moyens de renverser un gouvernement organisé par la raison, adopté par vingt-sept millions d'hommes et cimenté par !e sang de tant de héros ; envain des Français déna‑turés, les vils mercenaires du despotisme, soufflent encore parmi nous la discorde et la guerre, assassinent, au nom des rois et de l'Eternel, les généreux défenseurs de l'huma‑nité ; la France n'en conservera pas moins l'attitude imposante que lui donnent et ses forces réelles et sa puissance comparative. La victoire a fixé pour long-tems son existence politique : l'expérience d'une guerre, glorieuse pour elle, honteuse pour ses ennemis, doit procurer à ses habitans une paix solide et durable ; et le tems parviendra sans doute à lessiver les cendres volcaniques qu'a produites le foyer de tant de passions différentes.

Dans ce moment le peuple souffre; il soupire après la félicité pour laquelle il a fait volontairement tant de sacrifices; les plaies sont profondes, et la guérison subite est impossible; les canaux de l'industrie sont détruits; l'agriculture demande des bras; pour recouvrer son antique splendeur, le commerce a besoin de secours et de protection; le crédit national est avili; ce véhicule des puissans États réclame toute l'attention et la sagesse du Gouvernement.

Mais de nouvelles sources d'abondance et de prospérité viennent s'offrir à la République Française; elle peut acquérir une immense et laborieuse population, s'approprier des provinces fertiles, arrosées par une quantité de rivières navigables qui toutes prennent leurs sources dans son territoire, y recueillent les sucs féconds dont elles enrichissent les campagnes qu'elles parcourent.

Ces vastes domaines seront les fruits paisibles des victoires de la République; cet accroissement de ressources et de moyens devient, par le droit des plus justes conquêtes, une propriété que nulle puissance ne peut disputer, que la France ne sauroit abandonner sans s'attirer le ridicule et le mépris de ces despotes qui, aujourd'hui terrassés et punis de leur criminelle audace, font retentir la voix de la justice qu'ils n'ont jamais connue ; reclament la garantie des traités qu'ils ont violés avec la dernière impudeur, dissimulent la honte qui les dévore, et la vengeance qu'ils méditent.

Que doit faire la France pour se mettre à l'abri d'une prochaine invasion ? Augmenter la somme de ses forces par une nouvelle agrégation de citoyens qui, jouissant des mêmes droits, de la même liberté que les Indigènes, ayent les mêmes intérêts à soutenir, les mêmes dangers à courir, le même bonheur à partager.

Les traités d'alliance et d'amitié, sont aux yeux des hommes éclairés, des actes authentiques de la perversité des gouvernemens : (4) L'astuce et l'hypocrisie s'y couvrent toujours du masque de la vérité et de la bonne foi ; il n'existe, entre les nations, de véritable amitié que celle qui est fondée sur les intérêts et la politique ; une grande nation ne doit compter que sur ses forces effectives. (5) La *garantie* de la République Française, le *palladium* de sa liberté, c'est le respect que commandent ses triomphes, c'est la *terreur* qu'imprime sa puissance. Il y a neuf mois que la Hollande n'étoit pas plus son amie que l'Autriche et l'Angleterre.

C'est, d'un côté, la force et le génie ; de l'autre, la nécessité et les circonstances qui ont dicté le dernier traité conclu entre les Républiques Française et Batave.

Aujourd'hui, l'existence des Provinces Unies est enchaînée à la destinée de la France; et pour ne point rendre illusoire le Pacte Politique qui lie les deux peuples, il ne faut pas que désormais il y ait, entre leurs territoires respectifs, d'Etats géographiquement intermédiaires. (6) S'il en étoit autrement, les concessions faites par les Bataves seroient même à charge à la France.

La prudence, les exemples de perfidie et d'ingratitude, gravés dans l'histoire des nations civilisées, recommandent de grandes précautions.

Il en est des corps politiques, comme des individus qui vivent sous les mêmes loix : tant qu'ils ont besoin d'appui, ils sont souples et reconnoissans; acquièrent-ils des richesses? sont-ils élevés aux premiers emplois? L'orgueil et l'ambition les aveuglent; ils oublient les bienfaits; l'intérêt seul est leur boussole; ils deviennent souvent les ennemis de ceux qui ont posé les premières bases de leur fortune.

Pour affranchir les Américains du joug de la Grande-Bretagne, la France épuisa ses trésors, sacrifia soixante mille de ses braves défenseurs; cependant, au moment où l'un de leurs ambassadeurs attestoit, dans un discours, justement applaudi, les sentimens d'amitié qui les unissent à la France, au moment où leur constellation brilloit, dans notre Sénat, à

côté du drapeau tricolor, un autre ambassadeur, sans doute aussi perfide que le premier
étoit sincère, signoit, en leur nom, un traité
de commerce, d'amitié et de navigation avec
le cabinet qui les a tant opprimés, ce cabinet
qui réalise pour nous la boëte de Pandore d'où
proviennent tous nos maux. (7)

L'on dira, et même avec raison, que ce ne
sont point les Américains, mais leur gouvernement, qui commet de pareils actes d'injustice; que cette conduite est généralement dé-
sapprouvée : He ! qu'importe à la France que
ce soient les gouvernans ou les gouvernés qui
agissent quand les effets sont les mêmes.

En Angleterre, le peuple gémit des maux
que lui cause la guerre la plus atroce, le gouvernement n'en poursuit pas moins ses projets
abominables.

Soyons de bonne foi, osons parler le langage de la vérité : où sont posées les bornes
de la Hollande, là, doivent commencer les
limites de l'Empire Français : ces limites sont
l'ouvrage de la nature : le fanatisme et la tyrannie se les étoient appropriées et partagées,
la valeur républicaine les a rendues à la liberté,
et maintiendra leur indépendance.

Aujourd'hui que les Pays-Bas sont en notre
pouvoir, ne souffrons pas qu'ils retombent
jamais sous la domination Autrichienne.
Désormais, la France doit tendre à la pacification générale, et le but de cette politique,

c'est le bonheur du genre humain ; il faut donc avant tout écarter les sujets de discorde entre les puissances. Que l'on se pénètre bien de la politique Autrichienne, et l'on se convaincra facilement que tant que cette puissance commandera en deça du Rhin, elle ne cessera d'y porter le feu de la guerre, et, de concert avec la Grande-Bretagne, de fomenter des troubles continuels dans toute l'Europe.

Tous les peuples ont les yeux tournés sur la France. Ils font en secret des vœux pour l'accomplissement de ses glorieux travaux. Ils sont persuadés qu'elle n'a déclaré la guerre qu'à leurs tyrans. L'Allemagne, épuisée d'habitans, ruinée dans son commerce et son agriculture, soupire après le moment de voir tomber ce colosse de Puissance qu'éleva l'insatiable Charles Quint, dont les Descendans n'ont cessé d'aspirer à la monarchie universelle.

France, la victoire a mis dans tes mains les destinées des nations : en dépit de tes ennemis et de leur savante tactique, en dépit d'une multitude d'enfans indignes de toi, elle s'est déclarée en faveur de la liberté ; rien ne résiste à tes phalanges ; que peux-tu craindre ? un seul mouvement de ta volonté générale fera trembler le monde : ne prête point l'oreille aux discours pernicieux de ces hommes pusillanimes qui, en politique, n'ont qu'un horison visuel. Songe que la postérité te contemple :

que

que c'est de toi seule que dépend sa liberté
ou son asservissement, sa félicité ou son malheur. Prononce sur le sort d'une multitude
d'hommes qui attendent, dans un douloureux
silence, leur arrêt de vie ou mort.

Puisque la convention, par l'organe d'un
de ses membres, (Boissy d'Anglas), semble
avoir annoncé à tous les peuples que la République prendra désormais pour limites les
montagnes, les fleuves et l'océan ; que peuvent craindre de plus les princes d'Allemagne,
et les Puissances du Nord ? La République
n'a point intérêt de s'établir au-delà du Rhin,
ni de se rendre maîtresse des ports de la Baltique.

Une Puissance telle que la France, envi-
ronnée de voisins qui ne l'aiment pas plus,
monarchie que République, qui n'ont pris
les armes que pour partager ses riches dépouilles ; une telle Puissance ne doit jamais se mettre dans le cas de reculer, ni
d'abandonner ce qu'elle a déclaré vouloir
soutenir.

Il eût donc été nécessaire de porter, dès le
mois de Juin, la guerre au cœur de l'Allemagne,
d'y imprimer la terreur de nos armes ; de ne
souffrir aucune place forte sur la rive droite
du Rhin ; d'en dégager la navigation de toutes
entraves et de ne consentir à rentrer dans nos
limites naturelles qu'aux conditions bien sti-
pulées de n'y être jamais troublés. Depuis

Basle jusqu'aux barrières déterminées dans le dernier traité d'alliance avec les Bataves, le Rhin et la Meuse doivent séparer la France du reste de l'Europe. La République a déjà dans Flessingue un chantier pour y construire des vaisseaux de ligne, et un bassin pour les contenir. Flessingue sera pour la France, sur la mer d'Allemagne, de la même importance que Brest sur l'Océan, Toulon sur la Méditerrannée. Ce port nous assure la navigation de l'Escaut, de la Meuse et du Rhin, nous met en état de partager le commerce du Nord et de l'Allemagne, et nous donne une supériorité évidente sur l'Angleterre. Accoutumons nos marins à fréquenter les côtes de la Norvège, à braver les tempêtes et les écueils de la Mer d'Allemagne, à pénétrer dans la Baltique.

Nous n'ignorons pas que, privées des ports pour se retirer, nos flottes ne peuvent engager de combats dans la Manche ni dans les mers qui l'avoisinent à l'Est.

Si Tourville, après l'action glorieuse de la Hogue, avoit eu une retraite à sa proximité, il n'eût pas perdu quinze vaisseaux brisés par la tempête contre les rochers qui bordent nos côtes.

Au Gouvernement seul appartient le droit de profiter des événemens, de les faire tourner à la gloire, au bonheur, à l'affermissement de notre République.

Les circonstances sont la règle des décisions politiques ; le grand art est de les saisir à propos ; les circonstances changées , la France seroit forcée de changer de systême.

- Parmi les puissances qui l'ont attaquée , il s'en est trouvé qui , désespérant de la vaincre jamais , se sont empressées de traiter avec elle.

Notre agrandissement, qui nous rapproche des puissances du Nord , loin de leur porter ombrage , doit au contraire les rassurer contre la dévorante ambition de la Russie.

Dégagée de tout ce qui pouvoit la retenir dans ses anciennes liaisons , la République Française n'envisagera que sa tranquillité et son bonheur.

C'est de la nature qu'elle tient son existence ; son premier besoin, c'est sa conservation : sa souveraineté étant inaliénable , elle a dû repousser et renverser par la force tout ce qui tendoit à l'en priver ; vaincue par ses ennemis , la France eût cessé d'exister comme Puissance ; elle fût morte politiquement ; rien dans la nature ne pouvoit la dédommager de la perte de son existence politique : victorieuse , elle préviendra les dangers qui ont failli causer sa ruine : à son appui, elle invoquera l'autorité de la nature devant laquelle fléchissent toutes les autorités de pures conventions. En se réunissant contr'elle , les Puissances ont brisé tous les ressorts de la machine politique dont la France étoit le premier rouage. Après une pareille violation du droit des gens , tous les traités qui liaient la République aux gouvernemens Belligérants sont rompus de droit.

Mais puisque, par une fatalité naturelle à l'espèce humaine, l'équilibre des puissances est indispensable à la politique moderne, il doit exister d'un autre côté ; et comme les peuples de l'Europe n'atteindront peut être de long-tems la hauteur où la liberté et la philosophie ont élevé les Français ; comme les chefs qui les commandent peuvent s'en servir pour en subjuguer d'autres : la République ne peut avoir, pour garant de sa conservation, que sa force et les alliés qu'elle aura intérêt de se donner.

C'étoit une maxime politique, de penser qu'il étoit impossible que l'Europe se réunit contre la France ; cependant , l'expérience nous a démontré le contraire.

Seroit - il impossible de voir l'Autriche, la Russie et la Grande - Bretagne unies contre le reste de l'Europe, pour en tenir les habitans dans la servitude et la barbarie , et pour y replonger la France même ?

La République Française peut engager les autres États dans ses intérêts, sa forme de gouvernement, ses principes d'humanité , de liberté , tout est en sa faveur.

Sa force et sa situation sont telles que les peuples foibles doivent désirer de l'avoir pour appui, de s'unir et de commercer avec ses habitans (8). Pour parvenir à ses fins, la foiblesse a recours à la ruse, à la dissimulation ; ce caractère est indigne de la République Française.

Si la réunion de la Belgique et des pays en deça du Rhin, procure un avantage commun, la France peut les forcer de former cette réunion ; c'est ainsi, au rapport de Polibe et de Mably — (9) que les Achéens qui furent les peuples les plus libres que l'on ait connus, forcèrent plusieurs villes à entrer dans leur ligue contre la tyrannie. On ne sauroit trop comparer les habitans de la rive gauche du Rhin à des peuples dans leur enfance qui n'ont, par eux-mêmes, aucune volonté déterminée, et qui ont besoin de guide pour les mettre sur la route du bonheur ; que doit faire la France à leur égard ? Remplir les devoirs d'un bon père qui veut le bien de ses enfans et qui le fait souvent sans les consulter, qui les oblige même à faire sa volonté parce que leur bonheur en dépend, et qu'en sa qualité de père, il ne peut vouloir que ce qui leur est le plus avantageux.

Ses ennemis ont avancé que les armes en décideroient ; personne n'en a jamais douté. Si la France négocie la paix, si elle poursuit la guerre avec la politique de son ancien gouvernement, c'est-à-dire, avec molesse, et non avec la chaleur républicaine, elle n'en retirera aucun avantage, et la paix donnée à l'Europe sera comme toutes les autres simulée et passagère. (10)

Vaincre n'est rien si l'on ne sait user de la victoire. En dictant la paix, la France fera disparoître devant ses intérêts et ceux de ses alliés, ce vain étalage d'intérêts de famille.

Les princes et les rois ne sont rien devant la majesté des peuples libres :

Principes mortales , Respublica eterna est.

TACITE.

L'insulte donne le droit de prendre des mesures pour n'être plus injurié à l'avenir. La France ne doit point perdre de vue la situation de la Pologne ; voilà le sort qui l'attendoit.

Si les Polonais avoient été assez forts pour repousser leurs Agresseurs, au-delà de l'Oder et du Boristène : auroit-on pû leur faire un crime de prendre ces deux fleuves pour limites ? Ce qui eût été juste de leur part, pourroit-il être un crime à l'egard de la France ?

Envain, les Puissances crieront-elles à l'injustice ; envain, nous traiteront-elles d'Usurpateurs ; envain, auront-elles recours aux protestations d'usage, la France a de bien plus fortes raisons à leur opposer ;

Ces nouvelles acquisitions peuvent-elles jamais balancer la perte de huit cent mille héros, enlevés aux arts, à l'industrie, à leurs familles, à la prospérité de leur patrie? Peuvent-elles dédommager la France de la perte totale de son commerce, de sa marine, de son agriculture, de son numéraire? La venger de tous les genres de malheurs, d'outrages, de trahisons, de perfidies que l'odieuse politique de ses Ennemis lui a fait éprouver?

Que dans sa marche glorieuse, la République ne soit point arrêtée par les vaines protestations de quelques petits tyrans : la cour de Rome protesta contre le traité de Westphalie, les Plénipotentiaires de l'Empereur contre celui d'Utrecht; la paix ne s'en fit pas moins entre les Parties intéressées.

Les princes et leurs partisans ne parlent aujourd'hui que de modération; mais étoient-ils si modérés dans les manifestes de Brunswick? Il faut sur-tout, disent-ils, consulter les peuples; mais, demandèrent-ils le consentement des Français pour envahir, ravager et conquérir leur territoire? Demandèrent-ils le consentement des peuples au traité de Westphalie, dans la succession d'Espagne, dans le partage récent de la Pologne?

S'il faut en croire les amis de la maison d'Autriche, l'Europe est perdue si l'on ôte les Pays-Bas aux Descendans de Charles Quint, et la constitution Germanique cesse d'exister, si l'on touche à l'intégrité des cercles de l'Empire. Mais en politique, il est naturel qu'un prince Allemand ne jure que par la bulle d'or (11), comme un évêque Anglais par la grande charte.

Supposons, un instant, que la superbe Autriche et l'insolente Albion ayent à leur char enchaîné la victoire ; que leurs satellites commandent sur les bords de la Seine , comme les républicains commandent dans le cœur de la Germanie, et l'on verra si les cabinets de Londres et de Vienne seront aussi modérés que le comité de Salut public.

Pour se convaincre de la hauteur de ces cabinets, il ne faut que se rappeller les conférences qui, à Gertruidemberg, précédèrent la paix d'Utrecht, et celles qui, à Londres, précédèrent le traité de 1763, chaque jour, chaque événement ajoutoit à leurs prétentions qui ne tendoient à rien moins qu'à la destruction de la France.

Si la République se fût montrée si avide de conquêtes , elle auroit sans doute traité l'Espagne d'une manière bien différente : elle fût demeurée en possession des Bayes, de Roses et du Passage si importantes pour son commerce ; elle eût exigé la cession ou plutôt la restitution de la Louisianne , si abondante en matières premières , et dont les habitans dignes de la liberté et de leur mère Patrie, n'ont cessé de réclamer contre l'ancien Gouvernement, qui, sans les consulter , les avoit vendus à l'Espagne.

Quelques princes proposent des arbitres ;

mais

mais l'arbitrage suppose des juges sans passions , désintéressés dans la cause ; et l'ambition , la jalousie animent et font mouvoir tous
les gouvernemens. D'ailleurs quels sont les arbitres à qui la France pourroit remettre la décision
de si grands intérêts ? Est-ce aux Puissances
détachées de la coalition ? Mais ces Puissances qui , au commencement de la guerre , dé-
voroient, en idée , les dépouilles de ses riches
domaines , ne prononceroient pas aujourd'hui
contre leurs propres intérêts et ceux de leurs
Alliés ;

Est-ce aux Puissances qui, à l'ombre de
ses lauriers , jouissent des avantages de la
neutralité ? Mais toutes ces neutralités appa-
rentes ont eu pour objet la crainte ou la cupi-
dité.

Dans sa lutte immortelle, contre ses ennemis, la France n'ayant reçu d'aucun gouvernement ni secours directs ni indirects , elle
ne peut , sans ternir sa gloire , choisir d'autres
arbitres que sa volonté et la justice de sa
cause.

Cependant, au moment où les dépositaires
de la Puissance nationale vont , à la face de
l'Univers, proclamer ce grand acte de réunion
fraternelle , des hommes , qui ne peuvent
révoquer en doute sa légitimité, ne cessent
de multiplier les dangers que produiroit cette
acquisition.

La France , disent-ils, est déjà trop puissante ; un territoire plus étendu exigeroit une augmentation de forces militaires , affoibli-roit les ressorts du Gouvernement (12), l'ex-poseroit à des guerres étrangères ; lui suscite-roit plusieurs Vendées , dans un pays où les habitans n'ont ni les mêmes mœurs , ni les mêmes usages , ni le même culte , ni les mêmes intérêts , ni les mêmes principes d'adminis-tration.

Il seroit , ajoutent-ils , plus avantageux aux Français de rentrer dans leurs anciennes limites , de rendre toutes leurs conquêtes , ou d'en faire plusieurs Etats indépendans.

La France , devenue libre , ne sera jamais trop puissante ; le monde ne peut que gagner à son agrandissement , puisque ses principes de gouvernement sont la liberté générale de l'industrie et du commerce. Les progrès d'un peuple , dans la civilisation et l'économie politique , influent naturellement sur toutes les nations voisines , en raison de sa popula-tion , de l'étendue et de la fertilité de son ter-ritoire ; et si , jusqu'à ce jour , la masse géné-rale des hommes a peu senti les effets de l'in-dustrie et du commerce , c'est qu'à la honte des gouvernemens arbitraires , il n'y a guères eu que de petites nations libres qui s'y soient adonnées avec succès.

Sans doute la France , dans sa puissance comparative , peut lutter avec avantage contre les premiers Etats de l'Europe , abandonnés à leurs propres forces ; mais si les Chefs de ces Etats se réunissent, agissent de concert, l'attaquent sur tous les points possibles, la France ne peut leur résister que par des efforts surnaturels.

Malgré la quantité de places fortes qui bordent ses frontières, les Prussiens n'en ont pas moins pénétré, sans résistance, dans l'inté.rieur de son territoire.

En adoptant les fleuves pour limites, la République peut, sans augmenter ses forces disponibles, remédier à ces inconvéniens ; la nature lui sert alors de remparts ; des garnisons de distance en distance, assurent sa tranquillité, et loin d'être exposée à des guerres continuelles, c'est le seul moyen de les prévenir pour jamais : Mastricht et Vanloo qui, d'un côté, serviront de barrières, sont mises au rang des premières places du Nord. Il en existe d'autres le long du Rhin, telles que Mayence, Coblentz et Bonn ; et le Rhin ne sera pas comme la grande muraille de la Chine, qui n'empêcha point les Tartares de la franchir et de conquérir les Chinois ; mais les Chinois n'étoient point guerriers ; et les Français sont un peuple de héros.

Qu'on cesse donc de nous effrayer par l'exemple des Romains qui, à force de conquêtes, perdirent la forme primitive de leur gouvernement, et finirent par succomber sous la plus affreuse tyrannie ;

C 2

Rome perdit sa liberté, dit Montesquieu, parce qu'elle acheva trop-tôt son ouvrage.

Les limites que la France veut se donner ne renferment que quatre provinces de l'Empire Romain : il est plus facile aux Français de communiquer des Pyrennées à l'embouchure de la Meuse, qu'il ne l'étoit aux Romains de communiquer d'un bout de l'Italie à l'autre.

A l'aide des canaux et des grandes routes pratiquées dans tous les Départemens, les troupes se porteront, en très-peu de tems, dans tous les lieux où leur présence sera nécessaire.

Le centre du gouvernement étant à Paris, l'on pourra, par le moyen d'une douzaine de Thélégraphes bien placés et bien servis, savoir à chaque heure du jour, ce qui se passe dans tout l'Empire. Les loix du Corps Législatif et les actes du Gouvernement parviendront aussitôt à Cologne, à Gand, à Mayence, qu'à Bordeaux, à Lyon et dans d'autres endroits ; le moindre trouble sera aussitôt appaisé que connu. (13)

Au contraire, des nations entières s'étoient soulevées contre les Romains avant que la nouvelle en fut parvenue jusqu'à Rome, et quelquefois il falloit des années pour transporter les légions vers les pays insurgés ; d'ailleurs, les Romains traitoient tous les peuples en conquérans ; les Français les associent à leur agrégation politique ; c'est le plus

haut degré de grandeur et de désintéressement
qui puisse caractériser une nation victorieuse.
Quoique les peuples en-deça du Rhin n'ayent
pas tout-à-fait les mêmes usages que les
Français, ils n'en sont pas moins dignes de la
liberté : ils en ont toujours manifesté les principes, et s'ils n'ont pû, comme les Hollandais,
se soustraire au joug de la maison d'Autriche,
c'est qu'ils ont eu contre eux, la force des
circonstances, le fanatisme religieux , la foiblesse des moyens, et sur-tout l'exécrable systême des Puissances influentes.

Il en est de la liberté comme de l'innocence,
et de la vertu dont on ne sent le prix qu'autant
qu'on en jouit soi-même , et dont le goût se
perd sitôt qu'on les a perdues.

Au reste, les habitans de ces contrées sont
déja guéris du fanatisme de la Royauté : ils
n'imitent plus ces Peuples immenses qui,
selon Raynal, se croyent de bonne foi appar-
tenir à un petit nombre d'hommes qui les
oppriment.

Il est bien vrai que la présence des armées ,
les vexations de quelques Agens infidèles , les
contributions forcées, et d'autres inconvéniens, effets nécessaires de la guerre , ont
momentanément aigri leurs esprits encore in-
fectés de la rouille des préjugés ; mais sitôt
qu'ils auront la perspective de la paix et du
bonheur, ils abandonneront volontiers les
préjugés dont ils paroissent si imbus.

Les plus éclairés d'entr'eux , les moins dociles au charlatanisme et à l'imposture des Prêtres, n'ont pas craint de manisfester leur vœu pour une prompte réunion ; ils sentent le prix des sacrifices qu'ont faits les Français pour leur procurer leur indépendance.

He ! pourquoi ces peuples n'auroient-ils plus la même industrie, le même goût pour la liberté que vers le seizième siècle, quand seuls ils manufacturoient les laines d'Espagne et d'Angleterre ? Lorsque les villes de la Grande-Hanse firent, dans les tems d'ignorance et de barbarie, cette sublime association qui inspira l'amour des arts et de la liberté, donna naissance au commerce et à tous les genres d'industrie ; la Flandre, par sa position naturelle, par ses riches manufactures de draps, ses superbes fabriques de tapisseries, devint l'entrepôt général du commerce de l'Europe.

D'ailleurs, cette réunion intéresse plus les habitans en-deça du Rhin, que les Français mêmes. Ils n'auront plus l'affligeante perspective d'être sans cesse victimes des querelles de l'Europe. Leur pays ne sera plus un perpétuel champ de bataille, (14) où le fer et le bronze ont moissonné tant de millions de leurs semblables. Ils quittent l'épithète *odieuse* de *Sujets* pour se revêtir du respectable nom de *Citoyens* ; ils sortent de l'humiliante condition de n'être comptés pour rien, ils redeviennent ce qu'ils furent jadis, *Acteurs* et *Peuples libres* ; ils reprennent l'antique dénomination de *Francs*, nos communs Ancêtres ; ces peuples fiers et vertueux,

ne furent et ne voulurent être gouvernés que
par des loix qui étoient leur ouvrage :

Potentiora erant legum quam hominum imperia.

T A C I T E.

L'amour de la liberté étoit leur passion do-
minante, sa jouissance leur plus précieux tré-
sor; le mot qui exprimoit cette jouissance,
ils l'entendoient avec le plus de plaisir; ils
surent mériter, porter et maintenir l'honorable
épithète de francs ou d'hommes libres (15).

Tous ces peuples préféreront bientôt une
constitution républicaine, à leur joyeuse Entrée, à la Théocratie d'un chapitre, à l'Aristo-
cratie d'un Sénat, aux loix absurdes d'une
Diette : ils plaindront leurs pères d'avoir
courbé si long-tems leurs têtes sous la tyrannie des évêques qui, de simples serviteurs
d'un peuple libre, se sont érigés en souverains ; de ces nobles orgueilleux, toujours
inutiles à la société; (16) cette caste également
pernicieuse et dans tous les pays et dans tous
les gouvernemens; qui a tous les vices, et pas
une vertu, et dont l'unique talent est de corrompre le monde. (17)

« Non, vertueux habitans des fertiles con-
» trées en-deça du Rhin, les Français ne sont
» point vos conquérans; mais vos amis, mais
» vos frères, mais vos libérateurs. He ! pour-
» quoi seriez-vous un peuple conquis? De quel
» droit serions-nous vos oppresseurs; nous

,, n'avons reçu de vous aucun outrage ; nous
,, n'avons point combattu contre vous ; vos bras
,, n'étoient point armés pour nous défendre
,, l'entrée de vos foyers. Les phalanges de la
,, victoire vous ont soustraits à la fureur des
,, deux Aigles Germaniques ; leur fuite des plai-
,, nes de Fleurus étoit aussi précipitée que leur
,, vol fut rapide, quand des forêts de Pilnitz,
,, ils prirent l'essor et tombèrent sur la France
,, comme sur une timide Colombe ; de la cîme
,, des rochers qui bordent le Rhin, leurs yeux
,, perçans vous fixent encore comme une Proie
,, destinée à leur voracité. Souffririez-vous
,, qu'ils osassent de nouveau, avec leurs aîles
,, étendues sur vos têtes, étouffer votre éner-
,, gie, et de leurs ongles meurtriers déchirer
,, vos entrailles ? Non, sans doute, vous aimez
,, la liberté, vos vertus vous en ont rendus di-
,, gnes, et les Français vous l'apportent. Les ré-
,, générateurs de la liberté du monde ne vou-
,, droient point de votre agrégation, si vous n'é-
,, tiez susceptibles de ce saint enthousiasme, de
,, ces sublimes élans qu'inspire l'amour de la
,, patrie.

,, Pour vous, nos lois ne seront point mo-
,, narchiques ; vous ne serez point nos sujets,
,, comme l'Angleterre traite le malheureux peu-
,, ple (18) d'Irlande, comme les Hollandais trai-
,, tent le pays de la généralité, comme les
,, *louables* Cantons Suisses, traitent les pro-
,, vinces de Lugano, de Mendris et autres.

Vous

,, Vous serez partie intégrante de notre Répu-
,, blique; nous serons membres de la même
,, famille; nous formerons ce Tout immense,
,, cet Etre moral (19) qui aura pour corps la na-
,, tion, pour base la nature, pour esprit la loi,
,, pour soutien la force, pour essence les ver-
,, tus, pour attribut la gloire, pour élément
,, le commerce, l'industrie et l'agriculture,
,, pour jouissance la liberté et le bonheur.

,, Comme nous, représentés dans nos sé-
,, nats, vous aurez part à tous les actes qui éma-
,, neront des représentans du souverain : nous
,, passerons tous sous le niveau de l'egalité so-
,, ciale (20); nous serons tous, avec les mêmes
,, poids, pesés dans la même balance.

,, Si vous n'avez point encore éprouvé les
,, heureux effets de l'absence de vos tyrans,
,, n'en accusez que la fatalité de la guerre dont
,, vous avez été si long-tems les victimes, et
,, que nous voulons pour toujours éloigner de
,, nos foyers respectifs. Déjà l'Escaut vous est
,, ouvert; vous pouvez communiquer avec
,, l'Océan; nous vous avons rendu les droits
,, sacrés de la nature, qu'un descendant de
,, Charles Quint vous avoit ravis, et qu'il
,, avoit aliénés pour la somme de dix millions.

,, Il n'est pas éloigné le tems où la France,
,, après avoir terrassé les despotes du Conti-
,, nent, arrachera des mains de l'altière Al-
,, bion, le Trident redoutable, et ne l'éten-
,, dra sur l'humide élément que pour assurer

» la liberté du commerce dans les deux mon-
» des.

» C'est alors que des ports d'Anvers, d'Os-
» tende et de Flessingue, vous irez de nouveau
» recueillir, sur des mers lointaines, votre part
» des richesses que la nature prodigue à tou-
» tes les nations.

» A l'ombre des lauriers de la victoire, de
» l'olivier de la paix et du peuplier de la li-
» berté, nous ferons un échange mutuel de
» nos productions, de notre industrie : nous
» serons unis par les vertus républicaines,
» comme nous unirons, pour l'avantage com-
» mun, la Moselle à la Saône, la Seine à la
» Meuse, le Rhône au Rhin et la Méditer-
» rannée à l'Océan d'Allemagne.

» Parmi vous de nouveaux Rubens vont,
» par la légèreté de leurs pinceaux, la régu-
» larité de leurs dessins, animer la toile,
» faire parler les couleurs, augmenter les
» chef-d'œuvres du génie ; sous des doigts
» industrieux la laine, le lin et la soie se chan-
» geront en tissus brillans ; le travail des mé-
» taux, poussé au dernier degré de perfec-
» tion, facilitera tous les genres d'industrie,
» procurera à l'homme de nouvelles forces et
» de nouveaux moyens, lui rendra ses travaux
» moins pénibles.

» Vos terres sont mieux cultivées que les
» nôtres, et produisent davantage : vos ca-
» naux sont plus multipliés ; votre navigation
» intérieure plus commode (21); vos transports

,, plus faciles , plus prompts et moins dispen-
,, dieux : vous nous surpassez en industrie
,, politique ; la France monarchie n'a brillé
,, que dans le commerce de luxe ; devenue
,, République , elle doit tendre à l'économie,
,, et vous serez ses modèles.

,, Ne renoncez point à vos mœurs, elles
,, conviennent à des Républicains. Vous con-
,, serverez cette pureté de caractère , cette
,, simplicité , ces vertus hospitalières qui vous
,, rapprochent de la nature.

,, Vos plus cruels ennemis sont les Prêtres ,
,, qui ont un intérêt direct à maintenir parmi
,, vous les superstitions religieuses ; ils vous
,, menacent d'excommunications , de peines
,, éternelles ; le tout pour régner sur vos ames,
,, pour conserver leurs dîmes et leurs privi-
,, léges (22).

,, Ces fourbes ont l'audace de se placer
,, entre l'homme et la Divinité , de se déclarer
,, les interprêtes de la volonté de l'Eternel,
,, et les dépositaires de sa puissance ; ils di-
,, sent à l'homme : tu ne peux communiquer
,, avec ton Créateur que par notre minis-
,, tère.... à Dieu : c'est nous qui te faisons par-
,, venir les vœux et les hommages des mor-
,, tels.... Mais ils outragent également et les
,, hommes et la Divinité : un père n'a pas
,, besoin d'intermédiaires pour communiquer
,, avec ses enfans , et l'Eternel est le père
,, commun des hommes.

" Il entend les clameurs de l'humble qu'on outrage,
" Juge tous les mortels avec les mêmes lois,
" Et du haut de son trône interroge les Rois.

R A C I N E.

» N'écoutez point les insinuations perfides
» de ces hommes qui voudroient vous voir
» abandonnés à vous-mêmes. Examinez votre
» situation topographique et les intérêts qui
» vous divisent; vous n'avez ni assez de force
» pour vous préserver des invasions étran-
» gères, ni assez de moyens pour vous sou-
» tenir comme Puissance : vous seriez un
» composé de petites Peuplades toujours en
» proie aux dissentions civiles. L'esprit de vos
» anciens tyrans ne cesseroit d'habiter parmi
» vous. Tôt ou tard vous retomberiez dans la
» servitude, dont la France vous a fait sortir.
» Placés entre nos forteresses qui menacent
» vos frontières et les Etats puissans d'Alle-
» magne, votre territoire seroit ce qu'il a
» toujours été, depuis la domination Autri-
» chienne, le rendez-vous des armées du
» Continent.

» Tons ces inconvéniens disparoissent de-
» vant la volonté d'une Nation qui d'une main
» tient la balance de la justice, et de l'autre
» les foudres de la Puissance. Heureux si, par
» des lois sages, mais sévères, nous pouvons
» éviter un malheur commun à tous les Peu-
» ples !

,, Des viles passions qui tyrannisent les
,, hommes , et sur-tout les grands Etats ,
,, nâquit un montre à triple tête , l'*Aristocra-*
,, *tie* , le *Fanatisme* et la *Royauté* ; d'autant
,, plus dangereux , que l'ignorance et les pré-
,, jugés lui prêtent un appui redoutable , dans
,, la classe la plus nombreuse et la plus utile de
,, la société ; l'ambition des riches le soutient ; le
,, luxe des Cités l'alimente (23) ; immortel par
,, sa nature, il semble braver la massue de l'Her-
,, cule Français ; et déjà mille fois il a failli dévo-
,, rer notre liberté naissante : hâtons-nous de
,, former, par notre union , une masse dont le
,, poids , semblable à celui de l'Etna , renverse
,, pour jamais ce monstre social , et ne lui
,, laisse que la faculté de vomir des laves en-
,, flammées , mais impuissantes.

,, Que le glaive de la justice frappe, sans
,, distinction , tout traître qui voudroit an-
,, néantir la liberté publique, et nous charger
,, des fers de l'esclavage ; que le scélérat, glacé
,, par l'effroi des châtimens , soit dans l'im-
,, puissance de troubler la paix de l'honnête
,, homme (24) ; qu'une éducation nationale et
,, républicaine (25) inspire à la jeunesse, avec
,, l'amour des sciences et des arts, les prin-
,, cipes de morale , de justice et d'humanité. ,,

Tel seroit le langage que je tiendrois à
tous ces peuples, si je pouvois m'en faire
entendre.

Quant aux raisons qui doivent déterminer

la France à prendre le Rhin pour limites, on peut les considérer sous deux points de vue : celui de l'intérêt et du devoir.

Il est de l'intérêt de la République de se faire respecter au-dehors : elle ne sauroit y parvenir qu'en se créant une puissance qui en impose : elle ne peut accroître ni affermir cette puissance, qu'en diminuant celle de ses Ennemis ; autrement, les choses resteront au même point, et l'Europe sera dans un état de guerre perpétuelle (26).

Moins la France aura de dangers à courir de la part de ses voisins, plus son gouvernement aura de moyens pour assurer sa tranquillité intérieure et pour encourager l'industrie de ses habitans. Ainsi la France, en consolidant sa puissance politique, arrivera, sans obstacles, au but qu'elle s'est proposé ; de perfectionner la législation, et de donner une latitude immense à ses relations commerciales.

La France a beaucoup perdu de sa population, et jamais elle n'en eut plus besoin. En possession des plus riches Colonies du monde, sur-tout depuis la cession de St. Domingue, il faut, pour les entretenir et les défendre, une Marine formidable : cette Marine exige des hommes, une énorme dépense ; et les Pays Conquis peuvent suppléer ces deux objets. Plus la France possédera de matiéres premières pour alimenter ses Chantiers, moins elle dépendra de l'Etranger qui les lui vend au poids de l'or. Tout le monde sait que les Pays en-deça du Rhin produisent, en abondance les métaux, le chêne, le hêtre, le sapin, l'orme et frêne; le chanvre y est aussi commun que dans aucun Pays d'Europe : il sera facile d'y établir des corderies et des métiers pour fabriquer les voiles des bâtimens.

Si la France abandonne ses conquêtes, elle elle est forcée de renoncer au commerce du Nord et de l'Allemagne; et, par cette impolitique, elle se prive d'une source inépuisable de richesses en tous genres. Les productions des Colonies sont, il est vrai, des objets de luxe : mais par-tout on s'en est fait un besoin réel; et la République, avec du temps et de la persévérance, peut, même de son superflu, en fournir à toute l'Europe. Cependant, pour y trouver son avantage, elle doit, à l'exemple des Anglais et des Hollandais (27), faire elle-même son propre commerce. Ses habitans seuls, avec des bâtimens construits dans ses Chantiers, doivent porter chez les autres Nations les fruits de son industrie et le superflu de ses productions territoriales. C'est par un acte de navigation sagement combiné, que la France enchaînera toutes les parties de son administration intérieure à un système de puissance que sa position, la plus belle de l'Europe, peut rendre invincible.

Il ne faut que jetter les yeux sur la situation

topographique de la Flandre Maritime, pour
se convaincre de l'accroissement de puissance
et de richesse que cette réunion peut procurer
à la République ; Anvers, Ostende et Dunkerque seront les Magazins du Nord, le point
de Départ d'où une foule de navires, flottans
sous le pavillon tricolor, iront, sur les Côtes
de Terre Neuve, dans les mers du Groenland,
puiser, dans cette source féconde, les richesses
naturelles qui sont le prix de l'industrie, de la
vigueur et du courage.

La République a donc, quant à sa navigation, un intérêt direct de réunir toutes ces
Contrées ; puisqu'il est prouvé qu'elle aura,
par cette acquisition, un plus grand nombre
de Matelots employés à la pêche, et que la
marine de la pêche est la vraie source de la
marine militaire.

Mais ce n'est pas tout : la puissance d'un
peuple augmente à mesure qu'il dépend moins
des autres pour sa première subsistance et sa
propre conservation ; car tout État qu'une
simple invasion peut anéantir, n'a qu'une
existence précaire ; c'est la fertilité du Sol, la
quantité suffisante de bras pour le mettre en
valeur, enfin, c'est l'agriculture qui est et
sera, dans tous les tems, la seule base d'une
Puissance réelle (28) : toutes les autres parties de
l'industrie humaine ne sont qu'accessoires.
Aussi le peuple, dont le nécessaire physique
est indépendant d'un Sol étranger, peut avec

de

de bonnes loix et une sage administration , aspirer au plus haut degré de prospérité. Ce précieux avantage se réalise dans l'acquisition des Pays conquis sur les *Princes* de l'*Empire.* Sans parler des riches plaines de la Flandre et du Brabant , le Duché de Juliers , le Palatinat fourniront au-delà de ce qui est nécessaire à l'entretien de leurs habitans et des armées que la République y fera passer pour garder cette Frontière.

Pour soutenir une guerre unique dans les Annales du Monde, la France a multiplié ses dépenses en raison du nombre des Ennemis qu'elle s'est vue forcée de combattre ; l'industrie et les propriétés nationales sont les seules hypothèques de sa dette, ou du signe qui la représente : plus le Gouvernement donnera d'essor à l'industrie , plus il aura de propriétés territoriales à sa disposition , et moins le Peuple aura d'impôts à payer : Hé bien ! la réunion procure encore ce double avantage : Les domaines des Princes , les biens du Clergé , immenses dans ces Contrées , serviront d'hypothèques à notre papier-monnoie. Les vastes et nombreux edifices , dont s'énorgueillissoient ces deux Castes privilégiées , seront autant d'atteliers , de fabriques , de manufactures qui enrichiront le commerce extérieur et intérieur, attireront en France une foule d'Etrangers , qui n'attendent que la paix générale pour nous apporter leurs bras, leurs métiers, leurs arts, leurs talens, et jouir avec nous des douceurs de la liberté.

J'en atteste les Descendans de ces malheureux Français qui, dans le siècle dernier, persécutés par l'intolérante bigoterie d'un Despote, abandonnèrent leur Patrie, et portèrent en Angleterre, en Suisse, en Hollande et en Allemagne, l'industrie et les richesses de la France; (29) l'amour de leur ancienne Patrie est encore gravé dans leurs cœurs; ils font en secret des vœux pour le triomphe de la République; et bientôt ils augmenteront le nombre de ses enfans; tous les Amis de la liberté qui habitent la rive droite du Rhin, ont annoncé leur dessein de se rendre dans les Pays Conquis, d'y transporter toutes leurs fabriques sitôt qu'il sera en leur pouvoir de le faire.

Ainsi la France acquiert, par cette réunion, un accroissement incalculable de population, d'agriculture, de commerce, de finances, de navigation, de forces réelles et de puissance comparative.

D'après tous ces avantages réels, il n'est aucun Français, à moins qu'il ne soit d'accord avec nos ennemis, qui puisse raisonnablement de prononcer contre la réunion.

Mais la France a besoin de la paix, disent les partisans de l'Autriche et de l'Angleterre; il faut, pour l'obtenir, savoir faire des sacrifices; si la République s'obstine à vouloir garder ses conquêtes, les Puissances ne poseront jamais les armes; peut-être consentiroient-elles à lui abandonner la Belgique et le Pays de Liége.

Sans doute la paix est nécessaire : mais croit-on que les autres peuples y soyent moins intéressés que les Français, qu'ils soyent moins gênés dans leurs finances, dans leur commerce ? Leurs despotes n'ont-ils qu'à frapper la terre avec leurs sceptres, pour en faire sortir, à volonté, les trésors et les armées ? La nécessité a forcé quelques Puissances à traiter avec la République : Hé bien ! la nécessité forcera l'Autriche et l'Angleterre à traiter de même : quiconque est instruit de la politique de ces deux Puissances, doit convenir de cette vérité.

Depuis l'avènement de la maison d'Hanovre au trône de la Grande-Bretagne, qu'on cite un exemple où le cabinet de Londres ait fait la paix sans y avoir été forcé par le peuple, ou bien, sans avoir dépouillé ses ennemis de leurs plus belles possessions : Les glorieuses journées de Fontenoi, de Raucoux, de Lauffelt dictèrent la paix de 1748 ; Le Canada et la Marine Française furent le prix de celle de 1763 ; Les Américains pourroient nous dire si le *pacifique* Georges traita de bonne foi avec eux en 1783.

Malgré les papiers ministériels qui circulent avec profusion dans les trois Royaumes ; malgré les pompeuses promesses faites dans les deux chambres, par le Roi et ses ministres,

de procurer à la Nation la paix la plus glorieuse qui ait encore couronné les arms de
l'Angleterre, la fermentation n'en est pas
moins générale : le peuple, comme dans une
grande partie de l'Europe, manque du nécessaire ; le commerce, sans lequel cette Nation perdroit toute sa splendeur, souffre plus
de la guerre actuelle que de celle qui donna
la liberté aux Américains ; et les Anglais sont
aujourd'hui bien persuadés qu'en prodiguant
leur sang et leurs trésors, pour asservir une
nation rivale, ils annéantissent leur liberté
civile et politique : ceux qui aiment sincé-
rement leur Patrie, gémissent de voir leurs
Concitoyens idolâtres d'une Constitution
dont le seul avantage est de protéger l'ambition et les crimes du plus perfide de tous
les Gouvernemens (30).

Au reste les opérations de cette campagne
ne sont rien moins que brillantes pour le
ministère ; il a mieux réussi dans son infernal
plan, projetté depuis un an, et si bien secondé
à Paris, à Basle et dans d'autres endroits,
de discréditer nos assignats.

Mais quelle que soit l'énormité de notre
dette nationale, elle est loin, proportion gardée,
d'égaler la dette de l'Angleterre, qui, avec le
dernier emprunt, se monte à quatre cent
millions sterlings ; et si l'on met dans la balance les ressources réelles des deux nations
il sera facile de se convaincre que la Répu-

blique est plus en état de continuer la guerre
pendant des années, que la Grande Bretagne pendant plusieurs mois. Un décret du
Corps Législatif peut, en quinze jours, rendre
la vie aux finances de la France; mais quel
sera l'acte du parlement qui puisse, dans une
année, faire revivre le commerce de l'Angleterre? Il ne peut y avoir d'autre acte que
celui de la paix; et la sanction de Georges
ne suffit pas pour lui donner force de loi;
il faut aussi le concours de la France. Le
Gouvernement Français doit faire la guerre
au commerce de la Grande Bretagne; cette
tactique vaudra bien celle du cabinet de Londres. Le commerce est la marée qui met à
flots les nombreux vaisseaux de ligne de l'Angleterre; ruiner son commerce, c'est anéantir
sa puissance: on a beau vanter les ressources et
le génie de Monsieur Pitt, les évènemens prouvent qu'il est un homme très-ordinaire (31);
toutes ses opérations l'ont rendu moins im-
portant que le décret qui le déclare l'ennemi
du genre humain; comme s'il étoit possible
qu'un homme pût être ministre en Angleterre
sans être l'ennemi du genre humain; comme
si depuis Guillaume III, le Gouvernement
britannique n'étoit point, par sa nature, la
source des malheurs du monde: le ministre ac-
tuel a fait ce qu'à sa place eussent fait Wal-
pole, North et Chatham.

Mirabeau l'avoit très-bien défini en l'ap-

pellant le Ministre des préparatifs; il y a douze
ans qu'il prépare la ruine de l'Angleterre; dans
ce moment ce Ministre, voulant forcer la
France à la paix, forme une triple alliance
entre les cabinets de Londres, de Vienne et
de Pétersbourg; cette politique n'est point
nouvelle : en 1756 les cours de Vienne, de
Pétersbourg et de Versailles se liguèrent aussi,
sous le prétexte de maintenir la paix générale; que produisit cette coalition? La malheureuse guerre de sept ans qui couta un
million d'hommes à l'Europe.

On nous dit que l'Angleterre consentiroit
à traiter si la France vouloit abandonner toutes
ses conquêtes du Nord.

Ne pourroit - on pas mettre en problême
si, dans les circonstances actuelles, il n'est pas
plus avantageux pour la Republique de continuer la guerre que de faire la paix avec un
Gouvernement qui n'a jamais été et ne sera
jamais de bonne foi? et qui profitera de la
pacification pour *Chouaniser* la France?

Si la République négocie avec l'Angleterre
elle court les plus grands dangers. La paix ne
peut être négociée ni avec l'Autriche, ni avec
l'Angleterre.

Les limites naturelles ; telle devroit être la
condition *sine qua non*; si les Anglais et les Autrichiens assiégeoient Lille ou Metz, ils ne seroient pas plus avancés; les journées de Tre-
bie, de Trasimène et de Cannes ne changèrent

point la résolution qu'avoit prise le Sénat Romain d'abaisser et de punir l'insolente Carthage.

Rendons la Rive gauche du Rhin, et demain l'Autriche et l'Angleterre seront à nos portes; si nous rendons la Belgique et les Pays adjacens, nos Ennemis exigeront encore l'Évêché de Porentrui, la Principauté de Salm, de Montbeillard, le comtat d'Avignon, ensuite Nice et la Savoye; car ces contrées sont aussi des conquêtes à leurs yeux : Ils revendiqueront les droits féodaux des Princes de l'Empire possessionnés en France ; ils stipuleront la rentrée des Emigrés, et finiront par nous proposer un Roi.

Non, les Français ne se couvriront jamais d'une pareille infamie; ils sont encore dignes de leurs vertueux Ancêtres; le sang des Romains, des Francs et des Gaulois n'a cessé de circuler dans leurs veines, et d'animer leur courage ; ils n'écouteront, de la part de l'Angleterre, aucune proposition de paix, sans avoir préalablement stipulé la restitution de la Corse, de la Martinique, de Chandernagor, de Pondicheri, sur-tout la restitution des Vaisseaux volés à Toulon (32) ; ils n'oublieront point, dans les préliminaires, une clause bien essentielle, quoique triviale en apparence; cette clause sera de ne plus souffrir que le Roi de la Grande-Bretagne prenne désormais, dans aucun acte diplomatique, le titre de *Roi de France*. (33) On ne traite plus aujourd'hui avec la France comme Monarchie, mais comme République ; ainsi quiconque ose se revêtir du titre d'un Gouvernement que la France ne reconnoît plus, que nulle Puissance au monde n'a le droit de lui faire reprendre, commet un attentat envers la souveraineté du Peuple Français.

Quant à la paix avec l'Autriche, la cession formelle de la Belgique à la France en sera sans doute un des principaux articles préliminaires. En traitant avec les Bataves, Sieyes et Rewbell ne stipulèrent point la libre navigation de l'Escaut pour en faire hommage à la Maison d'Autriche ; ces deux Négociateurs prévoyoient qu'un jour la Belgique feroit partie de la France ; c'est dans cette vue qu'ils exigèrent la cession des villes de Maëstricht, de Wenloo avec leurs Territoires, et la moitié du Port de Flessingue. Le Traité de la Haye nécessite la réunion des Pays-Bas et du Pays de Liége ; et cette première réunion rend indispensable celle des Pays entre Meuse et Rhin ; car dans l'hypothèse où la France voulût seulement réunir la Belgique et le Pays de Liége, ses Frontières n'en seroient pas plus assurées ; comment pourroit-on déterminer la ligne de démarcation ? Que l'on prît pour limite la Meuse ou la Roër, ces deux Rivières ne sont ni assez larges, ni assez profondes pour empêcher une invasion ; il faudroit les garnir d'un grand nombre de Forteresses, ce qui entraîneroit

beaucoup

beaucoup de dépenses, et le Théâtre de la guerre seroit toujours en - deça du Rhin.

Le point essentiel, c'est d'éviter la guerre, d'assurer la tranquillité de la République, de protéger les Provinces-Unies, nos alliées, enfin tous les Peuples foibles qui nous avoisinent, et qui supportent, depuis si long-tems, les frais de toutes les guerres suscitées par l'ambition de leurs souverains.

J'ai déjà dit plus haut, et je ne crains pas de le répéter, que si la République a, dans ses mains, les moyens de préparer la paix générale de l'Europe, l'humanité lui impose le devoir d'en faire usage :

Elle le doit à ses Départemens frontières ; depuis des siècles, les habitans des ci-devant Provinces de Flandres, de Champagne, de Lorraine et d'Alsace, ont été les boucliers de la France : gênés par le gouvernement militaire, persécutés par les armées des commis aux Douanes, accablés d'une multitude de taxes plus onéreuses les unes que les autres, ils se sont trouvés hors d'état de faire le commerce dont ces parties du territoire français sont susceptibles : il est bien tems de donner un libre essor à l'industrie de ces hommes sobres et laborieux qui habitent les Vosges et les fertiles plaines qu'arrosent la Meurthe, la Sare, l'Ill, la Moselle et la Meuse ; de les faire jouir, ainsi que toute la France, du luxe de fécondité qu'y étale partout la nature. Ne connoîtrons-nous jamais la réalité de nos richesses, l'étendue de nos moyens, l'immensité de nos ressources ? ne cesserons-nous jamais de tirer, à grands frais, des climats étrangers les productions que notre sol peut nous fournir en abondance ? Faute de communication avec les autres parties de la République, les habitans de ces contrées sont forcés de vendre, à vil prix aux Suisses et aux Hollandais, les fruits de leur industrie et le produit de leur territoire. Si la navigation du Rhin, de la Moselle et de la Meuse étoit assurée, la France retireroit de la seule chaîne des Vosges des avantages incalculables. Les Vosges n'ont point la réputation des Alpes ni des Pyrénées ; mais elles sont plus riches en métaux et plus abondantes en productions territoriales ; ce ne sont point ces élévations effrayantes, ces rochers *ingravissables*, ces glaçons éclatans, ces neiges perpétuelles, enfin toutes ces belles horreurs qui frappent les regards du voyageur étonné ; les Vosges offrent un spectacle moins imposant, mais plus agréable : l'on n'y voit pas une vallée qui ne soit une riche prairie, pas une colline qui ne soit cultivée jusqu'au sommet, pas une montagne qui ne soit couverte de troupeaux et ornée de chênes, de hêtres, de chataîniers et de sapins d'une hauteur prodigieuse ; les chemins y sont bordés de noyers, de cérisiers dont les fruits produisent une grande quan-

tité d'huile excellente et du kirsch-wasser très-
renommé ; le chanvre et le lin y sont en
abondance ; l'on y recueille toutes sortes de
plantes médecinales ; et si l'on fouille les entrailles de la terre , partout on trouve le fer ,
le plomb , le cuivre , l'argent , le sel et le char-
bon de terre : comme ces contrées n'ont point
été frappées par la destructive révocation de
l'Edit de Nantes , un grand nombre d'Anaba-
tistes et de Protestans s'y sont réfugiés , et
n'ont pas peu contribué à l'amélioration de
l'agriculture. Ce sont eux , qui , dans la fameuse vallée du Lingenthal , ont forgé une
bonne partie des armes avec lesquelles nos
soldats ont vaincu les ennemis de la République. Avec la Liberté , la protection du Gouvernement et la réunion des autres pays en
deçà du Rhin , ces contrées deviendront aussi
florissantes qu'aucune autre partie de l'Europe ;
leurs habitans entendent peu la langue française, et ce fut seulement dans le dernier siècle
qu'ils furent réunis à la France ; cependant,
ils n'en chérissent pas moins leur nouvelle patrie ; on peut les considérer comme le rempart
de la République du côté de l'Allemagne ; sans
forces militaires , ils arrêtèrent seuls , en 1745 ,
une armée de 80 mille Autrichiens , qui vou-
loient tenter le passage du Rhin et pénétrer en
Alsace ; en 1793 , ils descendirent tous de
leurs montagnes et volèrent à la défense du
Département du Bas-Rhin , envahi par les

Prussiens. La République doit aujourd'hui les récompenser de tous les sacrifices qu'ils n'ont cessé de faire depuis leur incorporation à la France ; et ce n'est qu'en leur facilitant les moyens d'étendre leur commerce avec leurs voisins , que la République peut les récompenser dignement : et point de commerce florissant pour ces contrées, si l'on ne prend le Rhin pour limite.

D'un autre côté, personne ne disconviendra que les armées françaises ne soient aujourd'hui ce que , du tems de Thémistocle et de Scipion , étoient les armées de la Grèce et de Rome : même ardeur , même courage , même enthousiasme , même amour pour la patrie : les redoutes de Jemmape, les plaines de Fleurus , les bords de la Roër , sont pour les Français , les champs de Marathon , de Platée , de Zama pour les Grecs et les Romains ; mais ces derniers estimoient leurs armées et savoient récompenser leur courage ; aujourd'hui , qui récompensera le généreux dévouement des soldats de la Liberté ? La République ne leur doit-elle pas une portion des terres qu'ils ont tant de fois arrosées de leur sueur et de leur sang ? La plupart sont sans fortune , sans ressource : n'auroient-ils donc , pendant cinq années , souffert toutes les intempéries des saisons , éprouvé tous les besoins phisiques , ressenti tous les genres de maladies et de misère , n'auroient-ils bravé tant de dangers , surmonté tant d'obstacles , opéré tant de prodiges , vaincu la nature même , que pour défendre les propriétés de ces riches égoïstes , pour qui la Patrie et la Liberté sont des chimères , et qui frémissent aux seuls mots de République et d'Egalité ? Ce n'est pas assez que de forcer les riches à payer les frais de la guerre, ce qui est de toute justice ; il faut encore assigner aux défenseurs de la Patrie une récompense digne de leurs glorieux travaux ; cette récompense, c'est la réunion des pays qu'ils ont enlevés à nos ennemis. Nos armées pourroient - elles souffrir que la République abandonnât un territoire si justement acquis ? Quoi donc! pour tout fruit de tant de sacrifices , nous pourrions nous contenter de suspendre , avec pompe , aux vestibules de nos Sénats, les monumens éternels de nos triomphes ? et , vainqueurs , sur tous les points possibles , nous abandonnerions lâchement aux vaincus l'héritage de nos ancêtres ? Une terre qui depuis la bataille de Tolbiac, n'a, jusqu'à ce jour , cessé d'engloutir des millions ne nos concitoyens ? Non, les os des héros français, moissonnés dans ces belles contrées, ne doivent plus avoir, pour tombeau, que la terre de la liberté. Les phalanges républicaines soutiendront par leur courage et leur persévérance un pays qu'elles ont délivré de la tyrannie germanique ; et la France n'oubliera pas les

engagemens solemnels qu'elle a contractés de
secourir les peuples foibles : le devoir le plus
sacré pour la France, c'est d'empêcher que
ces contrées retombent désormais au pouvoir de leurs anciens maîtres. Quel seroit alors
le sort de leurs habitans, s'ils étoient de nouveau abandonnés à la vengeance de leurs
tyrans ? Il seroit semblable à celui que nous
réservent nos réfractaires, nos chouans, nos
émigrés, s'ils parviennent à désunir les Républicains et à rétablir le monstrueux échafau-
dage de la féodalité, du trône et de l'autel ;
des forêts de gibets convriroient leurs campagnes ; l'Escaut, la Meuse et la Moselle rou-
leroient, comme le Rhône et la Durance, les
cadavres des patriotes poignardés ; il n'y auroit plus de terme aux vengeances, aux assas-
sinats ; et l'image de la Liberté disparaîtroit
pour jamais de la route éternelle du tems.

Les habitans de la rive gauche du Rhin
n'ont-ils pas éprouvé tous les genres de malheurs ? Tour-à-tour pillés, outragés dans ce
qu'ils ont de plus cher et de plus sacré, se-
roient-ils encore aujourd'hui victimes de leur
bonne foi et de leur attachement à la cause de
la Liberté ? On se plaint de leur indifférence
et de leur éloignement pour la réunion ; mais
qui pourroit les en blâmer ? La République
ne s'étant point prononcée à leur égard, ils
ignorent quel sera leur sort à la pacification
générale ; et, dans cette cruelle incertitude,

ils gardent un douloureux silence; mais quelque
soit leur sentiment sur leur existence future,
la République n'en doit pas moins préparer
leur bonheur, et ce bonheur ne sauroit s'ef-
fectuer que par la réunion; c'est le seul moyen
de les venger de toutes les horreurs que leur
ont fait essuyer ces essaims de Verrès et de
Hastings, qui se sont enrichis de leurs dépouilles et des alimens destinés à nos braves
défenseurs ; que la République punisse tous
les scélétats qui, dans ces contrées, ont dés-
honoré le nom français, désorganisé nos armées, préparé nos revers et servi nos ennemis ; qu'elle leur fasse rendre un compte
sévère de toutes leurs dilapidations; que le
règne des loix et de la justice succède promp-
tement aux horreurs du crime et du brigan-
dage ; que la réunion soit effectuée et irrévo-
cablement proclamée aux habitans de la rive
gauche du Rhin ; bientôt ils chériront la République, et, comme nous, feront le serment
de verser leur sang pour la défence de la Patrie et de la Liberté ; réalisons ce précepte du
sublime Buffon : « L'homme ne peut que par
» le nombre, n'est fort que par la réunion,
» n'est heureux que par la paix (1).
Que la réunion s'oppère et la paix générale
de l'Europe est assurée.
Alors, le Peuple français sera le difficile

____

(1) Vue de la Nature.

point d'appui trouvé dans l'atmosphère politique ; sa Constitution républicaine sera le le-
vier puissant à l'aide duquel de hardis Archi-
mèdes pourront soulever, diriger le monde
moral, et lui assigner désormais, pour unique
centre de sa nouvelle gravitation, la nature,
enrichie des sublimes découvertes de sciences
utiles, ornée par le génie des arts bienfaisans,
adoucie par le charme de la philosophie, et
de toutes les vertus sociales (34).

NOTES.

(1) Tout le monde connoit le traité de Pilnitz; mais celui de la Haye, conclu le 19 avril 1791, a fait moins de bruit dans l'Europe. Cependant il n'étoit pas moins dangereux pour la France. C'est par ce traité que l'Angleterre et la Hollande engagèrent la Prusse à leur fournir une armée de soixante deux mille hommes, payés et entretenus à leurs frais; et les conquêtes que devoit faire cette armée, étoient réservées aux deux puissances maritimes.

Dunkerque, Calais, et toutes les places fortes du Nord de la France, devoient être le prix des trésors de la Hollande et de l'Angleterre.

Une convention particulière eut lieu le même jour à la Haye entre les États-Généraux et le cabinet de Saint-James : ces deux puissances s'y partagèrent d'avance notre commerce, les fruits de notre industrie et nos plus belles possessions.

(2) Qu'elle auroit dû tenir; car l'ancien gouvernement étoit tombé dans un tel degré de foiblesse et de mépris, qu'il étoit devenu le jouet de l'Autriche, de la Prusse et de l'Angleterre ; témoin l'infâme traité de 1756, la source de la guerre de sept ans qui fit périr un million d'hommes; le premier partage de la Pologne, si outrageant pour la France; la guerre pour la succession de la Bavière; l'invasion de la Hollande, le ruineux traité de commerce avec l'Angleterre, et sur-tout la dernière guerre contre les Turcs, dans l'alliance desquels la France a tout à gagner, et rien à perdre.

(3) Le plus haut degré de puissance relative où la France se soit élevée, c'est depuis la paix de Nimègue jusqu'au commencement de la guerre terminée par le traité de Riswick; et si Louis XIV alors, au lieu de tenir sur pied de

grandes armées, de construire d'immenses bâtimens, eût
employé ces énormes sommes aux autres parties d'administration, sur-tout à la marine, il n'eût pas ruiné son
peuple, ni préparé les événemens desastreux qui, sur la
fin de son regne, lui attirerent tant d'humiliations.

(4) Tous les politiques et même la plûpart des philoso-
phes conviendront que des raisons d'État peuvent, dans
certaines circonstances, dispenser des regles de la justice,
et faire rompre tout traité ou alliance.

*All Politics will allow, and most philosophers, that reasons of
state may, in particular emergencies, dispense with the rules of justice,
and invalidate any treaty or alliance. (Hume : Political Society).*

(5) Ce seroit trop grande imprudence au Souverain, de
s'attendre aux moyens et forces de ses alliés pour se défendre contre l'ennemi commun, n'y ayant rien de certain
en ce qui dépend d'autrui. (*Le président Jeannin*).

(6) Nous pourrons toujours assez nous soutenir contre la
France, à moins qu'elle ne devint plus puissante, et notre
proche voisine par la conquête des Pays-Bas.
(*Memoires de Jean de Witt.*)

Les Provinces-Unies, dit Puffendorf, ne verroient pas
avec plaisir que la France avançât ses acquisitions ou ses
conquêtes dans les Pays-Bas; et il leur convient mieux qu'il
y ait entre elles et cette puissance un voisin commun, qui,
en cas de mésintelligence, essuie, pour ainsi dire, le
premier feu, et donne le temps de rassembler les forces des
alliés pour faire face.
(*Introduction à l'histoire de l'Univers.*)

Telle a été depuis long-temps la politique des Hollandois : c'est dans cette crainte qu'avant la paix de Westphalie
ils traitérent seuls avec l'Espagne ; qu'ils ont été cons-
tamment ligués avec les ennemis de la France ; qu'ils
ont soutenu contre nous les guerres les plus acharnées.
Au reste les grands maux produisent les grands biens : s'ils
n'avoient pas embrassé le parti de la coalition, ils seroient
encore sous le joug de la maison d'Orange ; et, par con-
séquent, plus soumis aux volontés du cabinet de Saint-James
et de celui de Berlin : le temps nous prouvera bientôt s'ils sont
nos véritables alliés.

(7) L'Anglais triomphe ici ; le plus infâme des traités,

le plus ruineux pour les Etats-Unis, le plus outrageant pour la France, vient d'être ratifié par le Sénat. . . . .

Il est bien cruel de nous voir ainsi joués, comme des enfans, par un cabinet qui nous trompe, et qui nous a menti avec tant d'impudeur.

(Extrait d'une lettre particulière du M. F.—Philadelphie , du 14 Messidor dernier).

(8) Il est plus utile de traiter d'alliance avec une République qu'avec un Roi, puisque cette première alliance, étant fondée sur un intérêt commun, on peut s'assurer qu'elle sera conservée tant que ces intérêts seront les mêmes, d'autant que les règles des Républiques sont immortelles; et que les Rois sont changeants et mortels. *(Jean de Witt)*.

C'est aussi le sentiment de Machiavel; après avoir présenté les avantages et les désavantages qu'il y a de traiter avec tel ou tèl gouvernement, ce profond publiciste conclut pour la République :

Et je crois, dit-il, toute chose bien considérée, que dans ces cas de périls éminens on trouvera plus de stabilité dans les Républiques que dans les Monarchies.

Et credo, computato ogni cosa, che in questi casi, dove è il pericolo urgente, si trovera qualche stabilità piu nelle republiche che ne' principi. (Discours sur Titelive; livre 2 chapitre 38).

(9) Quelques villes du Péloponèse demandèrent comme une faveur à être reçues dans la ligue; d'autres attendirent qu'on leur eût ouvert les yeux sur leurs intérêts, ou qu'on leur fît même une sorte de violence dont elles eurent bientôt lieu de s'applaudir. *(Mably : Observations sur l'histoire de la Grèce).*

(10) La plupart des guerres qui, dans les derniers temps, ont embrâsé l'Europe, n'ont eu pour cause que la jalousie du commerce, la vengeance ou l'ambition de quelques Despotes : ce fléau destructeur eût encore long-temps désolé l'humanité, si la France, par son étonnante révolution et ses progrès rapides dans l'institution sociale, n'avoit préparé les voyes qui tendent à la paix universelle. Quelle seroit aujourd'hui votre satisfaction, vertueux Mably, pacifique Saint-Pierre, si vous étiez témoins de l'usage que votre Patrie fait de vos sublimes préceptes !

(11) La Bulle d'Or, publiée en 1356, est un ouvrage grossièrement écrit, sorti sans doute de quelque cloître, comme toutes les productions de ces temps de barbarie et de despotisme :

Au traité d'Osnabruck il s'éleva une violente dispute entre les Plénipotentiaires des Princes et les Docteurs Allemands, sur quelques changemens qu'on y fit : ces derniers prétendoient que la Bulle étoit sacrée, et qu'on ne pouvoit y toucher sans renverser les loix fondamentales de l'Empire ; la Bulle fixe à sept le nombre des Electeurs, un huitième fut créé au traité de Munster, un neuvième en 1692 ; il n'y avoit que les armées Françaises qui pussent ramener les Princes d'Allemagne à la stricte observation de la Bulle d'or : elles réduiront les Electeurs, au nombre de sept, peut-être de six.

La grande Charte est aussi un monument de la tyrannie du trône et de l'autel ;

Le but de cette grande Charte, mentionné dans la préface, étoit la gloire de Dieu, le salut de l'ame du Roi, les progrès de la sainte église. Les témoins de cette fameuse Charte furent trente-un Seigneurs spirituels, dix-neuf abbés et soixante-douze membres de la Noblesse.

The ends of this great charter, mentioned in the preface, are the honour of Almighty God, the safety of the king's soul, the advancement of the holy church.

The witnesses of this charter were 31 lords spirituals, 19 abbots and 33 members of the nobility. (Coke's Statutes).

L'article XXIX, le seul qui soit en faveur du Peuple, est encore un outrage à l'humanité ; il accorde quelques prérogatives aux hommes libres ; mais tout le monde sait qu'au commencement du treizième siècle, époque de la publication de cette Charte, les quatre-vingt-dix-neuf centièmes de l'Angleterre étoient esclaves. Cette Charte aussi est sacrée ; Cependant Henri VIII la viola dans toute son étendue ; mais les Rois et les Prêtres ont droit de tout faire, et c'est aux peuples à s'y conformer.

Il en coûta cher à Sidney pour avoir proféré quelques blasphèmes, semblables à celui-ci : "La grande Charte ne pouvoit rien donner au peuple qui, par lui-même, a tout."

Magna Charta could give nothing to the people, who, in themselves, have all.

Hobbes avoit dit avant lui : "quand un homme reçoit quelque chose du peuple, il ne le reçoit point du peuple

ses sujets ; mais du peuple son souverain." *When a man re-*
ceiveth any thing from the people, he receiveth it not from the people
his subjects, but from the people his sovereign. (Corpore Politico).

C'est aussi d'après ces principes que Grotius, ce publiciste si favorable au royalisme , est obligé de convenir
qu'un Roi, privé de son trône , perd le droit d'envoyer des
ambassadeurs : *Rex regno exulus jus legandi amittit.*

(12) Quoiqu'il soit plus difficile d'établir un gouvernement républicain dans un pays très-étendu que dans une
seule ville, il est aussi plus facile , quand une fois ce gouvernement est organisé, de le conserver ferme et uniforme,
sans tumulte ni faction.
Though it is more difficult to form a republican government in
an extensive country than in a city, there is more facility, when
once it is formed, of preserving it steady and uniform, without
tumult and faction.   (Hume : Idea of perfect government).

Depuis la fondation de la République , nous avons vu
s'élever bien des partis ; mais s'en suit-il qu'il est phy-
siquement impossible d'établir en France un gouvernement
ibre ?

Dans les circonstances , même les plus favorables, dit
Mably, les lois d'un gouvernement libre ne s'affermissent
qu'avec une extrême difficulté ; parce que la liberté , ren-
dant les esprits plus fiers, plus courageux, plus entreprenants,
excite toujours quelques orages dans les pays où elle s'établit.
(Observations sur l'histoire de France , livre 2 , Chap. 3).

(13) Dans un grand gouvernement, organisé par des
hommes d'un rare mérite , on a tous les moyens de perfectionner la démocratie, depuis la dernière classe du peuple jusqu'aux premiers magistrats qui dirigent tous les mou-
vemens ; les parties sont si éloignées qu'il est très-difficile,
soit par l'intrigue, les préjugés ou les passions, de les pous-
ser à des mesures contraires au bien public.
In a large government, which is modelled with masterly skill,
there is compass and room enough to refine the democracy from the
lower people, to the highest magistrates who direct all movements ;
the parts are so distant and remote, that it is very difficult either
by intrigue, prejudice or passions, to hury them into any measures
against the public interests.   (Hume : perfect Common-Wealth).

(14) Flandre, théâtre sanglant où se passent tant de scènes tragiques, triste et fatale contrée, trop étroite pour contenir tant d'armées qui te dévorent, tu aurois accru le nombre de nos Provinces, et au lieu d'être la source malheureuse de nos guerres, tu serois aujourd'hui le fruit paisible de nos victoires. (*Flechier, Oraison funèbre de Turenne*).

(15) *The love of liberty was the ruling passion of these Germans ; the enjoyment of it their best treasure ; the word that expressed that enjoyment, the most pleasing to their ear ; they deserved, they maintained the honorable epithet of Francs or free men.* (Gibbon).

(16) *Incertissimi nobiles in quibus, sicut in statuâ, præter nomen nihil est additamenti.* (*Saluste*).

(17) *Questi tali sono pernitiosi in ogni Republica e in ogni Provincia...... tutti insieme sono la corruttela del mondo.*
(Machiavel).

(18) Il existe peu de nations traitées avec plus de hauteur et de despotisme que les Irlandois : il est bien étonnant qu'un peuple aussi brave, aussi sobre, aussi industrieux, aussi jaloux de la liberté, ait si long-temps supporté l'odieuse tyrannie du gouvernement Britannique ; le philantrope observateur ne sauroit, sans indignation, lire les outrages en tous genres que ce peuple infortuné n'a cessé d'essuyer depuis Henry II jusqu'à George III.

Cette île, cependant, a produit les plus grands Orateurs de l'Angleterre, les plus chauds amis de la liberté ; elle t'a donné naissance, illustre Shéridan, toi qui, dans un sénat servilement vendu et prostitué, soutiens avec tant de force et d'éloquence, les droits d'une nation, jadis si fière de sa liberté, aujourd'hui plus esclave que les enfans de Mahomet.

Il y a aussi dans le Parlement d'Irlande un homme dont les discours respirent le plus grand amour pour sa patrie, et la haine la plus prononcée contre l'Angleterre, c'est Monsieur Grattan. Combien de fois cet énergique Patriote s'est efforcé de réveiller ses Concitoyens, de les tirer de leur affreuse servitude ! Avec quelle énergie il s'exprime au milieu de ses Collègues !

» Vous êtes les Gardiens de la liberté publique ; vous la devez à votre Patrie cette liberté ; elle vous conjure de

la lui donner . . . . . pour l'honneur de votre Pays , pour
l'honneur de l'humanité , par la mémoire de vos souf-
frances , par les outrages que vous ressentez ; par l'amour
que vous devez à la postérité , par la dignité et les généreux
sentimens des Irlandais , je vous conjure de saisir l'occasion
favorable ; que cette heure soit celle de votre liberté . . .
Si l'Angleterre est un tyran , c'est l'Irlande qui l'a rendu
tel en lui obéissant. C'est l'esclave qui fait le tyran. Je
ne serai jamais satisfait tant qu'un anneau de la chaîne
Britannique sonnera au pied du dernier des Paysans. . .

You are the guardians of the public liberty, you owe your country
that liberty, and she calls upon you to restore it . . . . . . for the honour
of your country ----for the honour of human nature----by the me-
mory of your sufferings----by the sense you feel of your wrongs----
by the love you owe to your posterity----by the dignity and generous
feelings of Irishmen----I beseech you to seize the auspicious occa-
sion, and let this be the hour of your freedom ! . . . . If England is a
tyrant, it is Ireland made her so--- by obeying, the slave makes the
tyrant.----I never will be satisfied as long as a link of the British
chain is clanging to the heels of the meanest peasant.

(Discours prononcé le 19 avril 1780).

(19) Le Corps Politique est donc aussi un être moral
qui a sa volonté. (*Rousseau* , *discours sur l'Economie Politique*).

(20) Le but de la Société doit être de corriger les inconvéniens de l'inégalité naturelle , en leur opposant
l'égalité politique ; de faire que les hommes qui ne peuvent
être égaux en moyens , soient au moins égaux en droits.

(*Mirabeau : Courier de Provence.*)

(21) La navigation intérieure de la République est d'une
nécessité absolue ; elle facilitera la communication entre tous
les départemens ; diminuera le nombre des bestiaux employés
à voiturer, d'une commune à l'autre, les productions industrielles et territoriales ; contribuera, dans plusieurs endroits,
aux assèchemens des marais, à la salubrité de l'air, à la
fertilité du sol , à la commodité des Citoyens. Il seroit
à souhaiter que l'on suivît en France l'usage établi en
Angleterre de clôre les Terrains cultivés ; nos Campagnes
seroient plus riantes , plus abritées , moins exposées aux
sécheresses de l'Eté ; les fossés recevroient l'eau des endroits
trop humides , et généralement toutes les parties de l'a-
griculture gagneroient à ce genre d'industrie : depuis 1689 ,

le Parlement d'Angleterre a passé différens actes pour autoriser la clôture et la mise en valeur des biens communaux ; ce système d'économie a procuré à cette Puissance des avantages immenses sur ses voisins.

(22) En affectant une autorité absolue , en lançant des excommunications , les Souverains , les Nobles et les Prêtres ont coutume d'épouvanter leurs Sujets , et d'empêcher ces esprits crédules d'ouvrir leurs yeux à la lumière de la vérité , afin qu'en les tenant ainsi dans l'ignorance , ils puissent jouir de la paisible possession de leurs priviléges ;

Los soberanos , nobles y elesiasticos , los quales con afectada autoridad y echar excomuniones , suelen amedrentar los animos de los vasallos , y oponerse á que los pobres abran los ojos a la Luz de la verdad , pues en teniendolos vendados conservanse la quieta posesion de sus privilegios y senorio. (El desengano del hombre).

. Il faut , dit le Duc de Lorraine dans son Testament Politique , avoir à sa dévotion , des Docteurs profonds qui instruisent le Peuple de vive voix , et par écrit , de l'inutilité des excommunications quand il s'agit du temporel que J. C. n'a jamais destiné à l'Eglise , et qu'elle ne peut posséder sans outre-passer son exemple , et sans violer son Evangile. Telle fut , au commencement du dernier siècle , la sage politique du Sénat de Venise ; il opposa les écrits vigoureux du Moine Fra-Paolo aux excommunications dont la Cour de Rome épouvantoit , non les Sénateurs , puisque l'un d'eux disoit en plein Sénat : *Siamo Veniziani poi Cristiani* ; mais le Peuple qu'il est toujours facile de tromper. Il appartenoit aux Prêtres de la communion romaine de créer un rafinement de tyrannie inconnu aux Anciens ; à la tyrannie civile et politique , ils ont ajouté la tyrannie de conscience , la plus exécrable de toutes. Homère dit : que l'esclave , le premier jour de sa captivité , est privé de la moitié de son être et de ses vertus ; mais , s'écrie Gibbon , le Poëte n'avoit vu que les effets de l'esclavage civil et domestique , il ne pouvoit prévoir que la moitié du genre humain seroit un jour annéanti par le despotime spirituel qui enchaîne non-seulement les actions , mais même les pensées du croyant prosterné :

The spiritual despotism which shackles not only the actions but even the thoughts of the prostrate votaries.

(23) *Sevior armis,*

Luxuria incumbit.   *Juvenal.*

L'industrie, le commerce et l'agriculture, poussé au dégré de perfection, dont ces parties d'économié politique sont susceptibles en France, doivent apporter un changement total dans le caractère léger de la nation et dans ses mœurs corrompues. La multiplicité des affaires diminuera le nombre des indolens et des inutiles; le sexe même, ce dangereux assassin des mœurs Républicaines, qui, dans les grandes villes, étale un luxe scandaleux, insulte à la misère du peuple; le sexe deviendra, s'il est possible, moins corrompu et plus utile à la société; il importe à la conservation de la République, que les femmes, qui, par leur état, sont chargées des premiers soins de l'enfance, reçoivent une éducation conforme aux principes de notre gouvernement, qu'elles s'occupent autant de leur ménage que de leur toilette. « Je vois avec dépit, dit Montaigne, » en plusieurs mesnages, Monsieur revenir maussade et tout » marmiteux du tracas des affaires, environ midi, que » Madame est encore après à se coëffer et attiffer en son » cabinet : c'est à faire aux roynes, encore ne sais-je; il est » ridicule et injuste que l'oisiveté de nos femmes soient en- » tretenues de notre sueur et travail »-

(24) *Sontibus unde tremor, civibus inde salus.* (Santeuil).
Toujours des crimes et toujours des supplices ! quelle perspective pour l'humanité ! Cependant l'expérience et les sages Législateurs nous prouvent, qu'il n'est pas d'autres moyens de gouverner les hommes.--- *Ceux donc, qui sont mauvais et mechans, en redoutant les peines générales et punitions proposées à tous, auront peur de commettre aucun maléfice; car Epicure n'estime pas qu'il y ait autre moyen de detourner les hommes de mal faire que par la crainte du supplice.* (Plutarque. Doctrine d'Epicure).

» (25) Les Républiques produisent un plus grand nombre » d'hommes de bien, que les monarchies, parce que dans » celles-là on honore la vertu, et dans celles-ci on la craint; » d'où il résulte, que les hommes vertueux se forment dans » les Républiques, et qu'ils se perdent dans les monar- » chies ». « *Delle republiche escono piu uomini excellenti che de' regni, perche in quelli si onora la virtu, ne' regni si teme; onde*

*ne nasce che nell' una gli uomini virtuosi si nutriscono , nell' altre
si spengono ».*   *(Machiavel , arte della guerra).*

» (26) Convenons que l'état des Puissances de l'Europe
» est proprement un état de guerre , et que tous les Traités
» partiels entre quelques-unes de ces Puissances , sont plutôt
» des tréves prssagères que de véritables paix ».

ROUSSEAU. *Projet de paix perpétuelle.*

C'est bien aussi l'opinion de Mirabeau et de Sully :

» La balance politique , dit le premier : est encore au-
» jourd'hui le leure , dont se servent les habiles pour l'avan-
» cement de leurs vues d'intérêt personel, et la phrase
» formulaire dont les sots à prétention couvrent leur stupi-
» dité ; l'Europe s'est dépeuplée et ruinée à la poursuite de
» cet objet fantastique ; elle s'est égorgée et s'égorge pour
» assurer sa tranquillité , et a perdu sa liberté civile pour
» garantir sa liberté politique. (*Note sur les lettres de cachet.*)

» J'admire , dit le second , combien l'Europe , pour être
» composée de peuples civilisés , se conduit encore par des
» principes sauvages et bornés ; à quoi voyons-nous que
» se réduit la politique profonde , dont elle se pique ;
» sinon à se déchirer elle-même sans cesse ?

(*Mémoire, tom. IV, page 228 , N°. 26.*)

(27) Cromwèl conçut le hardi projet de procurer à son
pays tout le commerce des mers , il prépara le fameux acte de
navigation passé au parlement en 1660; il est bien étonnant, que Richelieu ait négligé cette partie d'adminis-
tration politique, sans acte de navigation point de commerce florissant, point de brillantes colonies, point de
puissances maritime. Il existe une branche de navigation bien essentielle et trop peu encouragée ; c'est la pêche.
Outre les avantages qui en résultent pour l'approvision-
nement d'un état, c'est que l'on peut encore la considérer
comme une véritable pépinière d'excellens matelots; c'est
par la pêche que les Hollandois se sont soutenus dans
les commencemens de leur République, qu'ils ont formé
une marine assez puissante pour balancer celle des Anglais , sur-tout sous Cromwell et Charles II.

Le traité de commerce, fait à Utrecht en 1713 , doit
être considéré comme imparfait, puisque les articles VIII
et IX, les seuls favorables à la France , ont été rejettés

par l'Angleterre, et l'ancien Gouvernement a toujours montré la plus grande condescendance pour la Grande-Bretagne, dans l'espérance, que tôt ou tard les deux Gouvernemens feroient un nouveau traité de commerce fondé sur les idtérêts respectifs des deux peuples Tous les marchands François étoient obligés d'entretenir à grands frais des avocats en Angleterre pour soutenir leurs intérêts tonjours lésés, tant notre Gouvernement étoit foible et pusillanime.

On a fait, il est vrai, le traité de 1786, qui a ruiné la France.

(28) Il existe en Europe plusieurs Puissances, même iufluentes, qui ne se soutiennent que par les circonstances qui sont Puissances réfléchies, industrielles, commerciales ou de convention. Mais la France est peut-être la seule Puissance réelle, et elle vient d'en donner une grande preuve. L'angleterre, avide de rivaliser les premiers Etats du Continent, a profité de la situation et de l'incitie de ses voisins pour fonder une puissance de commerce, puissance factice et qui cessera d'exister sitôt que les autres peuples connoîtront assez leurs intéréts, pour faire eux-mêmes leur propre commerce. Le Gouvernement Britannique ne laise importer que des objets de première nécessité et que son sol ne peut lui procurer ; tous les objets de luxe sont manufacturés dans le pays ; il a toujours eu la politique de se conserver dans toutes les parties du globe, des points avantageux pour entretenir ses relations commerciales, et pour nuire à celles des autres puissances ; Gibraltar dans la miditerranée ; Sainte Helene dans l'Atlantique ; Jersey et Guernesey dans la manche ; les Bermudes sur la route de l'Amérique, et tant d'autres places qui servent de retraite à ses corsaires. C'est par la même politique que les ports de Briel et de Dunkerque étoient demeurés à l'Angleterre. Barnewelt et Louis XIV profiterent de la penurie où se trouvoit le Cabinet de Sainte James, pour racheter des places d'une si haute importance, et les Anglais n'ont jamais pardonné à leur gouvernement l'aliénation de Dunkerque.

(29) La révocation de l'Edit de Nantes et notre révolution ont, à deux époques différentes, rempli l'Europe d'émigrés Français ; l'une priva la France d'une branche de sa vraie richesse ; les bras industrieux : l'autre l'a purgée des fénéans et des inutiles ; aussi les avantages, qu'a retirés l'Europe des

essaims de nobles et de prêtres sortis depuis la révolution, sont en raison inverse des avantages produits par la révocation de l'Edit de Nantes.

(30) Le Parlement ou le corps politique du Royaume, corps dont le Roi est la tête, le principe et la fin ;

The Parliament or the body politic of the kingdom of which the king is said to be caput, principium et finis.

(*Blackstone*).

D'après cet oracle des Loix anglaises , on peut conclure que la Constitution investit le Roi seul de la puissance législative et exécutive ; et , quand bien même il ne le seroit pas de droit , il l'est certainement par le fait.

" Nous sommes les esclaves de la Chambre des Communes, et , par elle , nous sommes les esclaves du Roi et de ses Ministres. . . . . Les trois branches de la législature traitent de leurs droits et de leurs intérêts particuliers , comme les triumvirs de Rome en usoient à l'égard de leurs amis ; elles les sacrifient à leurs haines respectives , et établissent , entr'elles , une coalition détestable contre les loix et la liberté de l'Etat.

We are the slaves of the house of Commons, and through them we are the slaves of the king and ministers. . . . . . . The three branches of the legislature seem to treat their separate rights and interests as the Roman triumvirs did their friends; they sacrifice them reciprocally to the animosities of each other, and establish a detestable union among themselves upon the laws and liberties of the common-wealth.

(*Lettres de Junius.*)

(31) Voici le portrait qu'en fait un des Meilleurs écrivains d'Irlande : " Il vaut mieux bien mériter de son pays que de M. Pitt : ce *far fa on* . qui ne fit jamais un pas des mesures aux actions, sans prouver que son incapacité surpasse de beaucoup son arrogance ; cet homme , doué , je l'avoue, d'assez de talens pour dissoudre une phalange patriotique , et pour corrompre ce phanthôme de grandeur (le Duc de Portland) que le préjugé seul avoit placé à la tête d'un parti qu'il ne pouvoit servir ; ayant assez de perfidie , pour priver ensuite ce phantôme de la réalité du pouvoir , et lui refuser la récompense de son apostasie. . . . . Un Ministre qu'on peut appeller le Richelieu de son siècle , par son

adresse à fortifier le despotisme ; mais qui , dans la paix ou dans la guerre , ne sera jamais ni un Sully ni un Chatham.

Better for to deserve well of their country than of M. Pitt, that boaster, who never advanced from threats to action; but he proved that his arrogance was out done by his incapacity ; endowed, I confess, with abilities enough to dissolve a patriotic phalanx, and seduce that shadow of greatness whom prejudice alone had placed at the head of a party he could not serve ; gifted with perfidy enough to defraud him of the reality of power, and of the recompense of apostasy. . . . . A minister who may be the Richelieu of his age in extending despotic power, . . . but who never, in peace or war, will be its Sully or its Chatham.

*(De M. Neven ; catholic meeting held at
Dublin, April the 9th 1795.)*

L'auteur fait beaucoup d'honneur à M. Pitt, de le comparer à Richelieu ; il peut avoir sa méchanceté , mais il n'a certainement pas ses talens : durant la lutte entre Charles I et le Parlement, Richelieu intriguoit, comme Pitt a intrigué, depuis notre Révolution ; on voit, dans les instructions rédigées par le Cardinal, pour le jeune comte Destrades , envoyé à Londres , que le plan du Ministre français étoit de fomenter des troubles en Angleterre, pour empêcher cette puissance de donner du secours à la maison d'Autriche et de prendre part aux affaires du Continent. Richelieu réussit ; il prépara la paix de la Wesphalie : Pitt en promet une pareille aux Anglais ; mais , que la France continue la guerre pendant un an , et les Anglais ne verront dans leur Ministre, qu'un fourbe , assez adroit pour leur faire payer 27 millions sterlings pour une année , et un imposteur qui les a précipités dans un abîme de malheurs.

(32) Le prétexte de la guerre actuelle , quant à l'Angleterre , fut, comme tout le monde le sait, l'ouverture de l'Escaut ; et , quand bien même la France eût renoncé à ce projet, la guerre n'en étoit pas moins inévitable ; le cabinet de Londres la vouloit fortement ; il croyoit la France épuisée et hors d'état de soutenir deux campagnes ; ce Cabinet avoit pris la plus grande part aux traités de Pavie et de Pilnitz. Dès le mois d'août 1792 , le lord Gower avoit eu ordre de quitter Paris ; Chauvelin et Maret avoient éprouvé à Londres les mortifications les plus désagréables ; toutes les démarches de la cour de Londres annonçoient une prochaine rupture. Auckland , son Ambassadeur à la Haye , étoit la

torche incendiaire qui devoit embráser la République : et
Jenkinson qui, dans la Chambre des Communes, récite les
diatribes que son père, le lord Auksbury, lui dicte contre
les Français, Jenkinson avoit été envoyé á Coblentz , en
qualité d'agent de l'Angleterre près des émigrés. La conduite
du Gouvernement britannique , pour provoquer la guerre ,
est assez connue ; sa politique exécrable souleva l'Europe
contre la France ; il n'y a pas un seul point sur le territoire de la République , qui ne porte l'empreinte de son
atrocité.

(33) " Les rois d'Angleterre portent le titre et les armes de
rois de France , bien resolus de ne point abandonner cette prétention. Ils se servent même hautement de ce titre dans les
traitez qu'ils ont faits avec cette couronne. La coutume avoit
même introduit avant les deux derniers rois, une cérémonie
qui se pratiquoit á Londres , le jour du nouvel an , pour
conserver cette prétention dans son entier. Le roi, les
princes , les lords et les ambassadeurs s'assembloient ce jour-
là dans l'église de St. Paul; où un herault crioit á haute
voix le nom du roi regnant , y ajoutant par la grace de Dieu
roi de la grande Bretagne et de France , et jettoit en même
temps un gand â l'entrée de l'église , que l'ambassadeur de
France avoit acoutumé de ramasser en disant, *salvo jure et
sine prejudicio Christianissimi Galliarum Regis :* c'est-á-dire,
sauf le droit et sans préjudice du roi très chretien de France.
On faisoit ensuite un acte de cette protestation, qu'on
enregistroit, et l'ambassadeur de France envoioit le gand à
Paris."   (*Rousset : Intérêts des Puissances de l'Europe*).

(34) Un des plus chauds amis de la liberté qu'ait produits
l'Angleterre disoit, vers le milieu du dernier siecle :
Si la France, l'Italie et l'Espagne n'étoient pas toutes
trois languissantes, toutes trois corrompues, nulle d'entr'elles ne le seroit, car celles qui seroient dans un état de
langueur et de corruption ne pouroient résister a la troi-
sieme qui jouiroit de toute sa vigueur; ni celle-ci se préserver saine, sans guerir les deux autres: la france, si vous
attendez son loisir, sera, a mon avis, la première de ces
trois nations qui reprendra son embonpoint et son ancien
Système de prudence; et alors, á coup sur, elle gouvernera
le monde: en effet rappellez-vous ce que fit l'Italie dans
le tems de sa première vigueur; or la France est aujourd'hui
tout autrement peuplée :

If France, Italy and Spain, were not all sick, all corrupted to-gether, there would be none of them so; for the sick would not be able to withstand the sound, nor the sound to preserve their health, without curing the sick.

The first of those nations which, if you stay her leisure, will, in my mind, be France that recovers the health of ancient prudence, shall certainly govern the world; for what did Italy when she had it? and France is now the most populous.

JAMES HARRINGTON
OCEANA.

68

www.ingramcontent.com/pod-product-compliance
Lightning Source LLC
Chambersburg PA
CBHW061257060726
47596CB00002B/637